Notice biographique lue à la Société d'Agriculture, des Belles-Lettres, Sciences et Arts de Rochefort, le 8 février 1865.

SOCIÉTÉ D'AGRICULTURE, DES BELLES-LETTRES, SCIENCES ET ARTS

DE ROCHEFORT.

NOTICE BIOGRAPHIQUE

DE

E. ROY-BRY

MAIRE DE ROCHEFORT, DÉPUTÉ AU CORPS LÉGISLATIF, MEMBRE DU CONSEIL GÉNÉRAL DE LA CHARENTE-INFÉRIEURE, PRÉSIDENT DE LA CHAMBRE DE COMMERCE DE ROCHEFORT, PRÉSIDENT DE LA SOCIÉTÉ DES TRAVAILLEURS-UNIS, OFFICIER DE LA LÉGION D'HONNEUR, ETC.

PAR

P. GUILLEMAIN

Ingénieur des Ponts-et-Chaussées

ROCHEFORT

IMPRIMERIE CH. THÈZE, PLACE COLBERT

—

1865

Messieurs,

J'ai cru devoir différer jusqu'au moment actuel l'accomplissement du devoir que vous m'aviez confié. Il ne fallait pas que les agitations de la période que nous venons de traverser, pussent troubler le recueillement nécessaire à l'évocation de souvenirs qui sont si rapprochés de nous. La vie de notre éminent collègue Eugène Roy-Bry est, en quelque sorte, l'histoire contemporaine de nos intérêts locaux, et c'est avec un esprit libre des préoccupations du moment que nous devons l'apprécier. Y réussirons-nous? En nous dégageant même de notre affection personnelle, plus le temps s'écoule et plus nous trouvons grand le vide qu'il laisse au milieu de nous, plus nous sentons croître un sentiment de regret qui affecte à la fois l'ami et le citoyen. Assurément, nous avons foi dans l'avenir; assurément, les circonstances et les besoins font naître les hommes, mais la transition est souvent laborieuse ; les regrets et le doute qui l'accompagnent ne sauraient d'ailleurs être passés sous silence, car ils sont un hommage pour la mémoire de celui qui n'est plus.

Eugène Roy-Bry est né à Rochefort, le 17 décembre 1810. Son enfance et sa première jeunesse se sont écoulées sous les yeux de ses concitoyens, sans présenter de particularité qui mérite de vous être signalée. A vingt-deux ans, il publiait une brochure sur *les Banques,* dans laquelle se révélait déjà ce besoin d'activité, qui acquit plus tard chez lui un si haut développement. Cet essai constitue son premier pas dans la carrière qu'il a, depuis, si honorablement parcourue.

Nous le retrouvons en 1834, commandant la compagnie d'artillerie de la garde nationale, puis cette garde nationale elle-même. En 1835, il prend rang parmi les fondateurs de la Caisse d'épargne, et, un an après, entre dans la maison paternelle comme associé, pour s'y mêler activement aux intérêts commerciaux du pays, dont il devait être plus tard le plus ardent défenseur.

En 1841, il est appelé au Tribunal de commerce, et, l'année suivante, au Conseil municipal. Vers la même époque, il obtient la fondation de la Chambre de commerce, dont il est d'abord vice-président, puis président en 1846, pour conserver sans interruption, jusqu'à sa mort, ce poste honorifique, qui lui servit tant de fois à proclamer l'importance et les besoins de la contrée.

Le suffrage populaire devait aller trouver l'homme que recommandaient de semblables titres. Nous le voyons devenir Conseiller général en 1848, et Maire en 1851, au moment de la retraite de M. Masquelez, autre nom vénéré, dont le souvenir demeure toujours vivant dans le cœur de nos compatriotes.

C'est ici que commence son rôle vraiment militant ; c'est ici que, mu par une foi profonde et étayé de la confiance publique, nous le voyons concevoir et exécuter, travailler sans relâche, et animer de son feu tous ceux qui l'entouraient. Nous aurons à revenir sur ce que nous lui devons. Constatons seulement, dès à présent, que tous ses projets, tous ses plans, tous ses rêves, n'ont eu qu'un but, le progrès de son pays ; constatons que ses aspirations, aussi nobles que fécondes, se rattachaient toutes à cette pensée unique, qu'elles ont souvent servie et dont jamais elles n'ont dévié. C'est là le trait saillant de cette physionomie, et il lui donne un caractère d'élévation qui a pu parfois être méconnu, mais qui maintenant apparaît au grand jour, et que notre reconnaissance doit proclamer.

L'opinion publique lui rendait donc justice, lorsqu'en 1858 et 1863 elle lui confiait le mandat de député au Corps législatif. En lui attribuant cet honneur suprême de l'urne électorale, noble but de son ambition, elle utilisait, elle récompensait son dévoûment ; elle mettait en même temps en relief et ses services rendus, et les précieuses qualités de sa belle intelligence.

C'est dans cette haute position que la mort est venue le surprendre. Deux atteintes du mal qui devait l'emporter, lui rappelèrent que ce n'est pas sans danger que les facultés de l'homme demeurent constamment tendues ; cet avertissement, il l'avait compris dès le début, mais il ne lui était plus possible de revenir sur sa route. Ce n'est pas en vain qu'on se consacre à une idée. Lorsqu'elle s'est emparée de certaines natures, elle domine tout, et il faut aller en avant, sans trêve, sans repos, alors même que la fragilité humaine nous condamne à succomber à la tâche. Qu'est-ce, en effet, Messieurs, que la vie sans un but ? qu'est-elle surtout pour celui qui n'a pas les soucis et les joies du chef de famille? Demander à Roy-Bry le repos et l'éloignement des affaires, c'était tenter l'impossible, car il est des positions où l'inaction, elle aussi, n'est plus la vie.

Il a donc succombé sous le fardeau. Dans notre siècle agité, où s'élaborent tant de grandes questions, où la société se transforme, et où le progrès va si vite, l'existence s'use en peu de temps. Ceux que les circonstances ou leurs facultés lancent dans ce vaste mouvement ne s'appartiennent plus, et, le jour où les forces physiques viennent à les trahir, ils tombent, en suivant leur idée, comme tombe le soldat, en suivant son drapeau.

Telle fut, en peu de mots, cette vie si tristement brisée. Si elle n'est pas féconde en événements saillants, elle se compose, en retour, d'une suite non interrompue de faits qui se résument en ces trois mots : labeur, dévoûment, amour du pays. En est-il beaucoup de mieux remplies? en est-il beaucoup qui méritent mieux le souvenir et la reconnaissance?

Après vous avoir remémoré ces faits, Messieurs, faits que personne de vous n'ignorait, il nous reste à apprécier les services et les qualités de notre collègue regretté, tant dans sa vie personnelle que dans les nombreuses positions officielles que lui avait attribuées la confiance publique.

Si nous envisageons d'abord sa longue administration municipale, que ne lui devons-nous pas! A peine a-t-il pris les fonctions de Maire, que son programme révèle l'ambition qu'il a pour sa cité ; à peine sa pensée a-t-elle le temps de s'asseoir, qu'il attaque l'exécution. Nous voyons se réaliser tour à tour la reconstruction de l'hospice Saint-Charles, l'agrandissement du cours d'Ablois, l'Ecole de Dressage, cet établissement d'un haut intérêt agricole, qui n'est peut-être pas assez compris; d'actives démarches hâtent et préparent les décrets qui doivent nous donner nos

Chemins de fer et notre réseau télégraphique. De nouvelles rues s'ouvrent dans le Faubourg, qui reçoit en même temps l'éclairage au gaz, des Ecoles communales, une Salle d'asile et une Eglise. L'Abattoir se transporte hors de nos murs, le bâtiment de la Bourse s'approprie aux nombreux besoins qu'il doit desservir, le boulevard Jacob s'ouvre; partout, en un mot, les créations naissent sous cette impulsion active, féconde, éclairée.

Dans un autre ordre d'idées, nous rencontrons la même initiative. Les services municipaux sont organisés sur de meilleures bases, les cours publics se multiplient, le Collége se complète et se développe, un Musée prend naissance, le Théâtre restauré reçoit une troupe sédentaire, les courses de chevaux prennent le rang que leur attribue notre richesse de production chevaline, la ville, en ce qui touche aux beaux-arts, essaie de secouer son indifférence habituelle, et l'esprit de cité se réveille, avec ses passions peut-être, mais aussi avec sa vitalité puissante.

Enfin, Messieurs, à côté de ces projets, aujourd'hui réalisés, d'autres, plus considérables encore, s'élaboraient dans cette intelligence dévouée. Préoccupé à juste titre du sort fait aux classes malheureuses par l'influence du climat, Roy-Bry voulait fonder un Hospice pour les vieillards et les enfants, puis, en même temps, attaquer le mal dans sa racine par de vastes travaux d'assainissement comprenant des égoûts et une distribution d'eau. C'est au milieu de ces études que la mort l'a saisi, en laissant indécis ces problèmes pleins d'actualité, et dont la solution sera peut-être reculée par la perte d'une initiative aussi multiple que l'était la sienne.

Telle a été son œuvre, dans la sphère où s'exerçait son action directe. Si nous recherchons la part qu'il a prise dans la distribution des créations gouvernementales, nous ne la trouverons ni moins forte, ni moins juste dans sa direction. Dans la position spéciale et parfois difficile où le plaçait son titre de Maire d'un port militaire, il n'a jamais perdu de vue les bienfaits de l'Arsenal pour nos populations. Défenseur zélé et par suite quelquefois ombrageux des droits de la cité, il a pu réagir contre tout ce qui lui semblait empiéter sur les prérogatives civiles, mais il a également su rendre justice au grand établissement maritime auquel nous devons notre raison d'être. Dans les conseils de la ville, dans les commissions du Corps législatif, sa voix s'est toujours élevée dans ce sens, et plus d'une fois a dû peser sur les décisions qui lui étaient favorables.

Toutefois, il n'oublia jamais que c'était au commerce qu'il devait et sa haute position et sa légitime influence. Persuadé, d'ailleurs, que tout développement matériel est factice s'il ne s'appuie sur un travail producteur et sur des relations commerciales ayant une existence propre, il voulait que Rochefort se développât aussi en dehors de la marine militaire. C'était là son rêve favori, et il s'était donné pour mission spéciale de demander au Gouvernement d'écarter les obstacles qui obstruaient sa route. La ville, masquée du côté de la rivière par les établissements de l'Etat, renfermée du côté de la campagne par les fortifications et leurs servitudes, lui semblait mal à l'aise dans cette étreinte complète. L'éloignement du port de commerce, tant des centres habités que de la gare du chemin de fer, l'usage commun de la rivière dans la traversée surveillée du port militaire, contrariaient dans son esprit l'essor commercial qui ne vit que d'aisance et de liberté. Il se disait que sa ville natale, assise sur une voie navigable qui la relie à l'intérieur, au fond de la seule rade que possède le golfe de Gascogne, était appelée à devenir tôt ou tard l'entrepôt de la riche vallée qu'elle commande, et qui, depuis longtemps déjà, est un des principaux centres de nos exportations. Il voulait l'affranchir et lui donner de l'espace, et, sans nuire aux intérêts de l'Etat, séparer entièrement l'Arsenal qui nous fait vivre, et le port de commerce qui doit nous enrichir.

Dans cette voie, un large pas était déjà fait. La création du Bassin à flot amenait la rivière dans nos murs et au pied de la gare. Des démarches actives et pressantes hâtaient l'époque où le canal maritime de Rochefort au Vergeroux nous permettra de regarder vers la mer par des voies à nous, tout en conservant nos débouchés vers l'intérieur. Des chemins de fer, dont nous sommes le centre, rayonnaient vers Poitiers, vers Angoulême et Limoges, ainsi que vers Coutras. Plus encore, une soumission était déposée pour la construction d'une ligne ferrée sur Marennes et Royan, et les deux rives de la Charente ainsi reliées devaient venir concourir au développement du centre important qu'il rêvait.

Assurément, Messieurs, c'était là un beau rêve, si la mort prématurée d'Eugène Roy-Bry nous condamne à lui donner ce nom. Ce sont les rêves de ce genre qui font les grandes choses et les grands citoyens. Et, lorsqu'un semblable programme est en partie accompli, lorsqu'on approche du but, et que l'homme qui s'était fait la personnification de l'idée vient à manquer à l'œuvre, qui s'étonnerait de voir naître une impression profonde de tristesse et de regrets ? On ne sait pas assez ce qu'il en a coûté de peines et de démarches pour arriver à ce que nous possédons ; on ne sait pas ce qu'il a fallu de force de volonté pour ne pas céder parfois à des pensées de découragement. Quoi que l'avenir nous réserve, rendons justice à celui qui s'était dévoué à cette noble tâche, et que l'expression de notre reconnaissance arrive à sa mémoire. Sa sollicitude, qui ne s'est jamais démentie au milieu d'obstacles sans nombre, a pu en triompher, remontant, lorsqu'il l'a fallu, jusqu'à la volonté souveraine qui préside aux destinées de la France et qui n'a jamais su refuser son appui à toute pensée vraiment utile et généreuse.

Voilà ce qu'était le Maire que nous avons perdu. Si, maintenant, nous envisageons les autres positions qu'il occupait, nous retrouvons les mêmes principes, les mêmes instincts féconds. Au Conseil général, à la Chambre de commerce, sa voix s'élève à chaque instant pour soutenir les doctrines libérales qui, chaque jour, prévalent davantage dans les conseils du pays; au Corps législatif, nous le trouvons dans les rangs de ces hommes d'ordre et de progrès, qui, un grand ministre à leur tête, n'ont pas craint de proclamer les principes trop longtemps méconnus de la liberté commerciale et de la libre concurrence. Esprit indépendant, avancé même; plein toutefois de respect pour la loi, il savait que notre société doit aller en se perfectionnant, mais que tout choc est une perte de force, et qu'une nation ne progresse avec fruit pour les générations présentes, que par une marche régulière et tranquille. Partisan déclaré des franchises municipales, il voulait l'émancipation de la commune, qui est le premier degré de la vie politique; il pensait que pour les agglomérations comme pour les individus, une tutelle trop stricte gêne le développement des facultés, en privant des leçons si profitables de l'expérience; il voulait pour tous et toujours : latitude et responsabilité.

Si maintenant, quittant ces sphères élevées du pouvoir, nous descendons dans sa vie particulière, si nous demandons à l'homme ce qu'il a fait pour les principes que proclamait sa voix officielle, nous y trouvons la haute consécration de l'exemple donné. Associé à cet ami fidèle qui l'a suivi de près dans la tombe, à ce cœur ferme et droit, à ce jugement sûr qui s'appelait Adolphe Laffite, Eugène Roy-Bry a soutenu et assis, presque créé le commerce propre de Rochefort. Pas de tentative d'industrie qu'il n'ait encouragée et aidée, pas d'essai qu'il n'ait fait pour galvaniser l'esprit d'entreprise. Les industries agricoles empruntées à la Hollande, les établissements particuliers ayant pour objet le luxe ou les besoins journaliers, les productions spéciales qui peuvent mettre en relief le nom d'une ville ou d'un pays, tout a été tenté par lui, aidé et soutenu de son crédit. Nous pouvons dire plus aujourd'hui, car il faut que tous les voiles se déchirent, sa main toujours ouverte à ceux qui avaient suivi la marche qu'il leur avait tracée, ne les a jamais laissé succomber quand les circonstances ou les forces leur avaient fait défaut. Par ces élans d'une générosité spéciale et qui faisait abstraction des chiffres, Eugène Roy-Bry, après trente années de travail opiniâtre, est mort sans avoir pu se créer une fortune personnelle. Tout le fruit de ses efforts, tous les bénéfices dus à des spéculations profitables à tous, ont disparu dans les tentatives faites par lui pour donner à Rochefort les moyens de se créer une existence industrielle et commerciale. Puissent ses sacrifices ne pas être inutiles à l'avenir! puisse cet avenir être celui qu'appelaient ses vœux!

Il ne nous reste plus à vous parler que de l'attitude qu'il avait prise au sein de ces institutions utiles que notre siècle a fait naître et qui se développent chaque jour. C'est un trait accessoire de cette vie si bien remplie, mais il est de nature à compléter le portrait et à montrer l'unité de vues qui a toujours dirigé ses actions.

Membre de presque toutes les Sociétés de secours mutuels, et président de l'une d'elles, nous le voyons s'y faire l'apôtre des idées d'épargne et d'assistance réciproque qui sont le meilleur préservatif social contre le paupérisme. Nous le voyons encore, dans le même ordre d'idées, joindre à cette assurance mutuelle les femmes et les enfants et chercher à procurer aux premières, dans les rares loisirs du ménage, la possibilité d'ajouter un salaire modeste, mais utile, aux ressources de la famille.

Au milieu de nous, Messieurs, et ce souvenir nous sera cher, c'est sa voix qui a mis à l'ordre du jour les questions économiques qui sont l'objet des préoccupations de notre époque. Nous n'oublierons pas que sa haute influence est toujours venue en aide aux efforts qu'il nous a été donné de tenter pour l'amélioration du pays qui nous entoure, et nous ne perdrons pas de vue le devoir que nous imposent ses dernières volontés. Puisse l'histoire municipale de Rochefort, que son legs nous permettra de couronner dans dix ans, enregistrer des hommes de sa taille ; puisse-t-elle montrer ses traditions suivies ! Placée sous ses auspices, puisse-t-elle être digne de la voie qu'il a ouverte !

Enfin, Messieurs, n'oublions pas un dernier hommage au caractère de l'homme. Dans une période plus agitée, alors que la légalité suspendue n'entourait plus de ses formes protectrices la liberté des citoyens, alors qu'un immense besoin de repos nous jetait hors du droit commun, nous l'avons vu couvrir de sa responsabilité des individualités menacées et déployer une énergique ténacité pour prévenir les erreurs inséparables de ces positions exceptionnelles.

Quel que soit donc le point de vue auquel on l'envisage, maire ou citoyen, député ou commerçant, on retrouve le même homme, marchant résolument en avant, plein d'ardeur pour le bien public, plein de dévoûment pour tous. Il accomplit sa tâche à travers bien des obstacles, à travers même des calomnies dont l'ingratitude a pu parfois froisser son cœur, mais jamais le faire dévier de sa route. S'il n'a pas pris part à ces grandes luttes politiques qui illustrent les noms et les font vivre dans l'histoire, s'il s'est renfermé dans le cercle moins brillant, mais plus utile, des principes vrais sous tous les régimes, et qui font, en dépit des obstacles, marcher l'humanité, sachons-lui gré de cette attitude modeste dont nous avons eu le profit, et que notre reconnaissance remplace la renommée à laquelle ses facultés lui permettaient de prétendre.

Que ne puis-je, Messieurs, m'arrêter ici, laissant à vos propres sentiments le soin de compléter cette étude ! Que ne puis-je passer sous silence la longue et cruelle agonie qui a terminé son existence, si digne pourtant d'une fin plus heureuse ! Et cependant, je ne puis résister au besoin de vous citer un fait qui m'a causé une impression profonde et qui témoigne, pour son pays, de cet invincible attachement qui ne l'a quitté qu'avec la vie. Quelques jours avant sa fin, son agitation, ses gestes exprimaient un désir qu'on parvint à deviner, et on le traîna jusqu'à sa fenêtre, par un beau soleil qui laissait voir autour de la Bourse, la foule agitée qu'y amènent nos marchés. A cette vue, sa physionomie s'illumina de satisfaction, puis, sans doute, après un retour sur lui-même, sa tête se pencha sur sa poitrine et il se mit à pleurer. Larmes bien amères ! douleur bien poignante ! Sous l'étreinte de l'impitoyable maladie qui avait brisé son corps et qu'il sentait éteindre son intelligence ; livré à l'affreux isolement de l'homme qui ne peut plus communiquer sa pensée, il sentait la vie lui échapper sans avoir pu finir sa tâche : devant cette impuissance de la nature humaine, il pleurait ses forces qui l'avaient trahi, son beau rêve interrompu, et il envoyait, avec ses larmes, un suprême adieu à tout ce qu'il avait aimé.....

Nous aussi, Messieurs, nous pleurerons longtemps l'ami disparu, nous pleurerons le citoyen grand et utile, et plus nos regrets seront profonds et durables, plus nous aurons rendu justice à cette figure puissante qui prend rang désormais parmi les bienfaiteurs du pays.

8 février 1865.

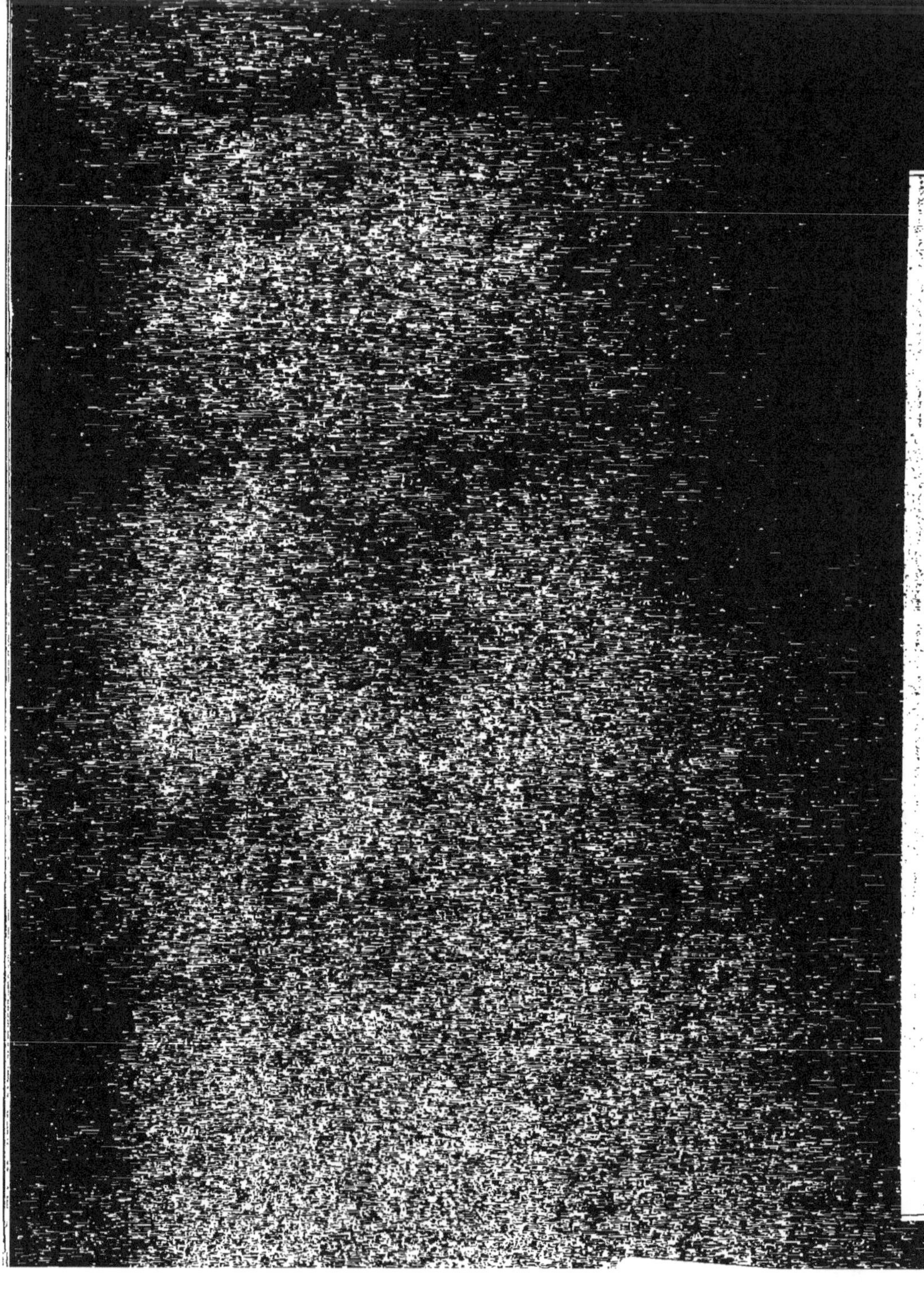

www.ingramcontent.com/pod-product-compliance
Lightning Source LLC
LaVergne TN
LVHW010312230826
846091LV00007B/3113

* 9 7 8 2 0 1 1 7 7 8 1 8 5 *